지루하고 반복적이고 불편한

지루하고 반복적이고 불편한

김규성 시집

한 솔

| 차례 |

제1부

덥석 10
다 계획이 있다 12
디스토피아 -익숙한 반복- 14
보통 이름은 휴먼 16
좋은 맛 18
업그레이드 19
로지 20
딸깍 22
블록체인 24
풀코스 자동 26
내 품 안에 반려 28
맞선 30
연어 32
길을 잃다 34
아름다운 유혹 36
묘수찾기 38

제2부

고독이 죽다 40

클라우드 42

하이브리드 - 잡종 - 44

와이파이 46

약한 고리 48

광야 50

오프라인 현대사 52

사이버스페이스 독립선언문 53

3월, 꽃 피고 눈 오고 비도 오니 54

온라인 현대사 56

오역誤譯의 봄 58

부르는 게 값 60

업데이트 62

제3부

미로학습 66
포스트모던 67
새로운 표준 68
머리가 두 개 69
고도화高度化 70
프로필 72
n잡러 74
천경자 달력 76
번호이동 78
키오스크 80
너무나 인간적인 무게 83
양두구육 86
빅테크 88
특이점 90

제4부

지루하고 반복적이고 불편한 94

족보를 써야겠다 96

오래된 미래 이미 와 있는 미래 98

바람 때 100

동기화 말고 초기화 102

나뭇잎 하나 만지작거리다가 이것 좀 봐봐 104

내가 왜 이러지? 106

윤달앨범 108

오목눈이 집 110

명찰 112

꽃은 일찍 피고 축제는 늦었다 - 인플루언서 - 114

고양이 쇼츠 116

틈 118

다시 켜기 120

| 책 끝에 | 121

제1부

덥석

노인은 대문을 열지 못해 속곳 주머닐 열고
여태 뒤적거렸다

껍질째 구워 식은 감자 같은
생활과 안식
또 잠겨 있었다

검은 비닐봉질 비틀어 들었다
나와는 엘리베이터까지가 동행

몸 구부려 비닐봉지를 뒤적이더니
따뜻한 백설떡을 떼어 덥석 건넨다

이거 잡숴 볼라?

애써 외우고 익혀야 살아갈 날들 앞에
뭐라 말할 수 없이 좋은 떡과
숫자와 * #으로 표시된

출입표

양손에 들렸다

다 계획이 있다

20년 가까이 버스를 타고 다니는 길옆의 학교
가로수 가지가 해거리로 잘렸고 주변은
건강식품 공장이 생겼다 새로이 건축한 커피집
하수관 교체 도시가스관 공사
작은 변화들은 졸면서 보았다

학교 이름은 여자공업고등학교였다가
전자고등학교로
또다시 전자디자인고등학교로 바뀌었다
여자 소프트볼 선수는 십여 년
동승이라는 시간을 함께했으며
유니폼은 빨강에서 깊은 곤색으로
바지는 두 줄무늬 츄리닝에서 레깅스로
버스 노선은 704번에서 301번으로 바뀌며
최적화되었다

두 사람은 같고도 각기 다른 고민이 있었다
그만 두어야 할까와

학교 전 정류장에서 내릴까라는

우표는 바코드로 공고는 전자디자인고등학교로
여전히 두 부류의 시민이 버스를 탄다

나는 추천하는 과제를 읽고 그는 추천 영상을 스트리밍* 한다
현재는 미래를 미래는 현재를 최적화 중이다

*스트리밍: 인터넷 용어. 자료(데이터)를 내려받을 때 강물처럼 끊이지 않고 계속 이어지도록 처리하는 기술. 데이터를 받아 저장하지 않고 바로 실행한다.

디스토피아

– 익숙한 반복 –

이부자리에서 내심

오늘도 잘 살아냈다 생각한다

눈 뜨자마자 스마트폰을 켰다

시야는 흐려지고 통제 불능한 이상현상이 발생한다

밀접하고 농축된 생활이 흔들리고

다시 내려받아 복사하고 붙여넣어야 생기가 돌았다

생각해보니

한 번도 배터리를 갈아본 적이 없다

그렇다고 뜯어볼 수도 없었다

할부가 남았는지 생각하고

새로 바꿔야 하나라는 잠깐의 고민이 있을 뿐

생활이 그렇게 됐다

나는 익숙하게 반복한다

보통 이름은 휴먼

사람 가리지 않고
말더듬이 없고
정확하고 친절하게 다가왔다
놀랍고 반가운 이름표를 달았다
받으셨으면 눌러 보내 주세요

모퉁이 돌 때는 군인처럼
물 따르는 멈칫은 식탁 앞
다소곳이 눈 깜박이며 기다리는 모습이
움직임을 나누고 쪼개어 붙여졌다
휴먼

도와드리겠습니다
조금만 기다려 주시면 훨씬 더
좋은 모습으로 찾아올게요

앞으로 인생은 그를 얻기 위해
힘써 일해야 하고

인간은 다만 자료가 되는

유익한 종족

좋은 맛

몸은 구부러졌으나 칼칼하고 곧은 성격이 걸음에 묻어있다. 혼자 사시냐 몸은 어떠시냐 몇 마디 말을 건네면 필요한 대답 말고는 쓸 데 없다. 분명 전 일생이 그랬을 터. 찬바람 나고부턴 콩 삶아 발효시킨 청국장 만들어 언니니 늙은 조카 피붙이 인연 닿은 이들에게 보내주는데 주소 글씨가 또렷하다. 한 자 한 자를 허투로 쓰질 않아 내가 틀리게 자판에 쳐 넣지 않나 두 번 세 번 또 보게 한다. 사람 마음 움직이게 하는 힘이 있다. 손도 크시지… 맛있게 먹으려면 한소끔만 끓여서 소금으로 간하고 취향 따라 고춧가루니 묵은지 넣으면 된다. 현미경 들이대고 생화학 성분 온도 환경을 수치로 나타내겠지만 그러면 맛이 없다. 오랫동안 내가 실패하고 냄새 맡아 맛보며 얻어진 경험, 자존심이야. 돈 안 받아 됐어.

업그레이드

궁금한 게 있습니다

그 옛날에는 생각을 돌에 새기고 대나무에 써서 보관했지요

21세기 문명 시대는 소리는 물론 움직이는 모습까지 저장합니다

신문명 도구는

카세트테이프 플로피 3.5인치 디스크 유에스비 하드까지

손톱만한 장치에 저장합니다

찢고 불태워버린 적 없습니다

어제 썼던 도구가 오늘에는 헛것이 되니

편하게 써두었던

내 글들

어디서 어떻게 꺼내 보죠?

로지*

한 여자를 사랑하게 되었다
발랄하고 상큼한 늙지 않는 젊음을 지닌 그녀
은둔으로 뭉쳐 고립되어가는 남자를 유혹한다

그녀는 춤추고 노래한다
음악이 있는 곳이라면 숲이건 지하철이건 완벽한 몸짓
기쁨의 기세를 몰아 다가온다

촉촉한 피부 나를 향한 눈빛
밉지 않다
누구와도 구설이 없다

그녀는 내가 한 말과 습관을 분류하여 공부한다
놀기도 하고 욕도 할 줄 안다
좋고 싫어하는 감정이 비슷하고 숨겨진 욕망조차 닮았다

내 사랑 나의 분신
그늘이란 찾을 수 없는 얼굴

꿈은 즐기고 바로 실행하자

난 그녀를 위하여 아낌없이 데이터가 되고
데이터는 그녀가 나를 좋아하게 하는 에너지이니까

그녀가 나를 좋아한다

따르는 사람이 많아 경쟁이 두려울 뿐
차별 없는 사랑이여
부디 이 땅에 이루어지게 하소서

*로지: 어느 보험사의 광고에 출연한 사이버 인간이다.

딸깍

조바심 일게 하는

잔여 수명 20% 13% 9%

날씨는 추워졌다

잠시

형제를 부르듯 몇 번의 통화

임종을 앞둔 숙의 시간 같았다

담배를 꺼내 문다

돌아보니 달라진 것도 달라질 것 없다 내일도 그럴 것이다

다시 오토바이에 몸을 실으며 항상 그랬듯 살아야겠다는

각오

살려야 한다

가슴에 품었다 꺼내고 다시 손 비벼 품는다

딸깍

자석에 안심이 붙는다

생활의 인력에서 한시도 벗어날 줄 모른다

손목엔 고삐가 달려있다

블록체인

삼십 몇 년 전 아파트 청약 당첨이 되어서
은행거래를 했었는데
돈 꾸기 전에 인감이 없던 터라 인감도장 만들어
동사무소에 신고하고 증명서 떼어 형제들한테 보증 좀 서 달라고
돼지고기 두어 근 끊어 갔는데 자격미달 퇴짜 맞고
직장동료에게 오금저리는 소리하다 또 퇴짜 맞고, 이걸 어쩌나?

몇 번 헛걸음이 인맥이 되어서
소박한 자산이 되어서
명절에 백화수복에 사과 박스 사 들고 찾아간다
지금 나는 컴퓨터 앞에 앉아
책 한 권 사고 친구 경조사에 부조한다

신분은 쪼개져 여러 군데 소속되었다
은행에 하나 서점에 하나 인터넷 판매회사엔
여럿의 회원으로

휴대폰 통신회사와 공인인증회사와 국가가 인증하는 민원실에서
쌍방거래를 하는데 가끔

인증번호를 잘못 읽고
휴대폰 수신 문자번호를 잘못 누르고
회사에서 요구하는 인증서가 달라서 또 회원가입하고
통장 잔고를 확인하고
아, 덤으로 더 얻고 싶은데 단돈 천 원이나마 값을 깎고 싶고
인연으로 거리에서 아는 체하고 싶은데

육신은 부처님 사리가 됐지만
절하는 사람 하나 없고 찾아오는 사람 하나 없는
육지에서 멀리 떨어진 외딴섬에서
구설口舌 없이 개방된 문명인으로 살아간다

풀코스 자동

빨래를 하는 동안
걱정 없이 잤습니다
개울에 가지 않고
비가 오나 눈이 오나 걱정 없습니다
빨래를 위한
뜨거운 물 찬물 걱정이 없고
울이니 모직이니 통 속에 돌리면
걱정이 없습니다

부풀린 입말로 증발시키면
마른 세탁물이 나오지요

내 것이 되기 어려운 집 대신
자율을 마련합니다
총칙이 있고 가입이 있고
서비스 이용을 설명 받습니다
책임과 해지 이용제한 규정에 수수료
면책 등은 읽어보면 알 겁니다

혹시라도 부칙으로 새로운 길 열어 둡니다
매달 자동이체 하고요
모든 게 최적화 풀코스 자동입니다

한 번도 경험하지 못한 떨림을
경험해 보세요
모태 속 잠이 쥐어집니다

내 품 안에 반려

앞서거니 뒤서거니
멀리도 가까이도 하지 않는 사이
사람 품에 들어와 '앞발' 하면 척 걸치고
때 없는 위협으로 털 세워 물어버리는 역성이 없다

말을 알아듣고 허술한 부분을 채워주는 어둠과 빛
아무도 반겨줄 이 없는 집에서 가까이 반응하니
진심이 고맙기도 하여 품는다

손으로 쓸어주는 밀어
믿음이 아니어도 이룰 수 있고 갖지 않아도 향유하고
가지 않아도 볼 수 있는

내 품의 반려

시선은 항상 검고 촉촉하다 그래서 자꾸
쏟는 사랑
기약없는 기다림이 상처가 되어도

믿음은 깊어져 마침내 상실케 하는
군림이 있다
야생이 있다

단순하다
깔끔하고 맵시 좋다 신기술

맞선

무얼 입고 무슨 말을 하지?

시계를 보며 그간 나눈 많은 대화를 생각해보니 오랜 친구로 딱히 아는 게 없다 부딪혀 보면 명확하게 알게 될 거야 그가 한 말에 조금은 과장되게 칭찬해주고 불편하지만 남 일인 듯 고백한 마음들 진심 어린 위로와 격려를 주고받았으니까 그 범위 내에 있는 사람일 거야

처음이 아닌 듯 즐거운 시간을 가졌지 건네던 대화를 주제 삼아 일치된 취향을 확인했고 성의껏 귀 기울이고 예의를 잃지 않으려 했어 웃음으로 맞장구도 치고 기대에 미치지 못한 몇 가지 의문점을 빼곤 그럭저럭

만남을 계속 이어나갈까 아니야

실생활에 부딪히며 겪은 사이가 아니잖아 혼자가 좋아 부담 가질 인연은 옳지 않아 어찌 되었든 오늘 만남에 대한 인사는 해야지 사람일은 알 수 없으니까

여운이 있는 발걸음

대화창을 열자 내 목록이 없다

연어

노르웨이 북태평양 알래스카
양양 남대천 물가에서 때를 기다리다
깊푸른 새벽
여기 여름과 거기 겨울이 적당하게

차가워진 두께
연어 연어

시인은 천의무봉 이야기를 지어 주고 길 내주었지
길은 생활이어서 시대가 바뀌니 사는 방법이 바뀐다
모천 대신 인공 수정 가두리 양식장

해체되어 얇게 저며진 살굿빛

어젯밤에 주문한 연어

오메가3 고혈압 동맥경화 신장병 뇌졸중 혈관 질환의 살굿빛이다

여리고 순한 연어가
연어를 가져왔다

3년 끈질기게 모천 회귀하는 기억 없이
그물망에 거두어져
첫새벽 반은 녹고 반이 언
노동으로 왔다

바닥에 긁히고 곰 맹금류 이빨에 피부가 찢겨져도
몸성히 잘 다녀오겠다던 인사가
철퍼덕
새벽 문 앞 노동 꾸러미로 왔다

길을 잃다

끝이 가물거리는 공장
바닥과 천장에서 기계가 자동으로 움직인다
동료는 없고 숙련된 노동이 사라진 스마트 공장은 투명하다

인공지능 기계가 뱉어낸 물건 받아내고
다음 작업장에 넘겨주고 기계가 흘린 땀 닦아준다
광활한 적막
이 회사를 얼마나 다닐 수 있을까

일터는 밤낮이 뒤바뀐다
친절한 속도는 죽음을 불사한다
강조하는 무결성 분위기는 거대하고

생산과 소비를 메우는 틈새노동*
스스로 무능화 되어간다
비듬조차 가리는 청결옷이 선명하고 밝다

이바지하고 이루기를 바라는 존엄이 사라졌다
여생의 노동은 부띠끄**
내가 없다

길을 잃었다

*틈새노동: 사람이 할 수 있는 일과 컴퓨터가 할 수 있는 일 사이의 '틈'에서 발생한 플랫폼 노동.

**부띠끄: 상점에 공급된 상품. 기성품.
(출처: 『디지털의 배신』, 이광석, 2020년 12월 간, 인물과 사상).

아름다운 유혹

아이디와 비밀번호를
저장하시겠습니까
정보제공에 승낙하시겠습니까
실행하시겠습니까
동의하십니까

내 이름으로 내 자유를 이룰 수 없다
질문으로 다가오는 선택
익숙하게 길들여지고
과정이 없고 이야기가 없는
이력 없는 결론을 부른다

선택은 권한이 없고
거부는 공간이 없고
실수란 다시 할 기회가 없다

조각나 떠도는 신분을 누군가 낚아채
길들이는 미끼이거나

가끔씩 무한 복제 돌연변이

내게 다가오면 나를 부정하려나

모두 내가 서명했다

유혹은 아름답다

묘수찾기

노는 날에만 찾아오는 치통이 늦은 저녁 냉장고로 옮겨졌다
미열이 있는지 손 짚어보고 깊숙이 쟁여둔 봉지와 반찬통들이
잘못된 속병 원인인지 헤집어진다
일가를 이루고 사는 동안 세 번째
큰 기업의 사업주기에 따라 치통이 온다
줄줄이 꺼내 놓은 욕심 버리지 못해 전전긍긍
들였다 꺼냈다 하는 심야
단단하게 얼어붙은 미래가 오늘 생활에 풀려 식은땀 흘린다
세상은 발전하고 경제는 커졌다는데
십 년 전이나 지금이나 내 처지는
청명에 죽으나 한식에 죽으나 또 할부
오래도록 처음처럼
깊이 숙성시킨다는 미래는 은백색
더 똑똑하고 편리해지는 공간의 집은 좁아지고
경험은 스스로 잊어버려 나는 갇혔다
사람을 모르고 세상을 모른다

제2부

고독이 죽다

불쑥 나타나서 마음을 짓찢어 놓거나
가라앉는 무게가 가뭇하다
툭툭 털고 일어나면 약이 되고
헤어나지 못하면 독으로
무리 짓지 않기에 홀로 다녔다
거듭나기에 온전하던
고독

홀로 밝은 불빛
그 빛 속에 홀로 깜빡이는 불을 찾아가 만난다
털을 고르며 무리 지어 논다
서로 닮았다

더는 외롭지 않다
따라가는 곳마다 열리는 새로운 영역
무얼 해도 용인되고 이해한다
들끓는 극단의 힘이 있다

젊은 늑대의 고독
늙은 늑대의 고독은
없다

고독, 이제는 유희다

클라우드

폐종이박스 손수레가 멈추자 질주하는 차가 치듯이 간다
무어라 한마디 혼잣소리다
머리 위로 맑은 구름이 바삐 모습을 바꿔 지난다
사진 찍고 글을 썼다

주워 담지 못하던 몸짓과 말이
구름에 올려졌다

지상의 모든 일이 뭉쳐 있고
대화와 생각은 실개천 흐르듯 위아래로 흐른다

뜬구름에서는 무수히 떠도는 순간을 꺼내
현재로 쓴다
자석으로 쇠붙이 고르듯 성질을 분류 가공한다
감정은 휘발되었고 맥락은 토막나 증거한다

떠내려간 고무신을 찾으러 멀리 갔던 슬픔이여
봄날의 뻐꾸기여

꽃밭의 배경이여

안녕

순간이 새롭게 태어날 순간을 기다리며
위아래에서 손 흔든다

하이브리드

– 잡종 –

벌거숭이 순종으로 태어나
울고 노래하며 싸우는 동안
일찍이 안경을 쓰고 치아 보철에
부러진 뼈 쇠심을 박았습니다
막힌 혈관 뚫어 피 돌립니다
걷기가 불편하게 무릎 연골이 닳으면
부작용 없는 연골로 대체할 예정입니다
육신이 내 것인가 의심이 들지만
곤란한 성격 순종을 특정하는
모습엔 변화가 없습니다
이전의 정상이 조금은 부자연스럽긴 합니다

찍고 미끄러뜨리는 일로
택시를 부르고 바깥에서 집 안을 살피며
일거리가 생겨 하루를 매진하고
퇴근하여 장을 봅니다
미숙한 화면이 자꾸 생겨 사용이 걱정이긴 해요

관계는 다 자라서 떠나고
홀로 집에 있자니 적적하고 심심한데
홈스피커에서 기분을 묻네요
오늘 하루 어떠셨어요?

밥을 먹는데
전기코드 없는 내 몸이 반응을 하네요

와이파이

조용하고 깊게 들이마시면
폐부에 파장이 쌓인다

무색 무취 무온 무형이
아래서부터 천천히 붉고 뜨거움 대신
딱딱하지도 무르지도 아니한

흐름

깊게 들이마시고 천천히 내뱉는 발광체
흩어지고 모인다
파지에 꽂히는
노안에 피는 LED
복지서비스는 언제 어디서나

꽃 같다
숨 쉬듯 발현하고 샘솟는

가는 곳 보이는 곳마다
무지개 문신으로
얼굴 없는 존재의 표시

물을 떠나 살 수 없고
스스로 물을 바꿀 수 없는
물고기가
5G 파랑을 탄다

약한 고리

"밥값은 현금이나 계좌이체해 주세요"

카드는 넣었다 뺐다 주식투자해야 했는데 컴퓨터가 안돼서 은행일 못 보고 배달 주문은 끊기고 번잡한 시간이 아닌데 사람들이 밀려 서 있고

지금이 어떤 세상인가?

"싸악 다"

"손해배상 약관은 세 시간 이상이라야 하고"

"입증이 쉽지 않을 거다"

나는 컴퓨터가 두 대인데 속도가 느려 이상하다
뭔가 프로그램 덧붙이는가
그전에도 그랬고 몇 번 껐다가 켜고

그래도 이상하네 그 사이에 손님은 가고
세상이 멈췄는데 안타까운
40분

놀지도 아프지도 못한 노화爐火가
토끼굴에 지펴져
매운 눈물이 났다

– 인터넷이 잠깐 멈춘 날이 있었다

광야

나는 내가 기억하기 전 알 수 없는 이유로

목청 높여 울었다

부모는

유산 같이

켜진 화면을 앞에 놓아 주었다

울음을 멈추고

집중했다

무엇이 일어날 수 있는

혼돈 광체 깊은 소음

천지창조라 했다

그래서 삶은 스스로 그러한 줄 알았다

제국의 신민이 시작된 날이었다

날은 좋았고 어떤 바람도 불지 않았다

오프라인 현대사

이월 눈발에 입 대어 수분 얻고
가문 흙바람이 할퀸 눈 비벼 닦아냈다
추위가 참 몹쓸게 길다
백병의 백전노장은 눈물이 없다
넝쿨이 감고 우거진 채 마른 이웃들 속에 멋대로 번 가지만 높다

계절 앞에 행동은 서툴고 배움 없이 무식하나
고집이 뜨거워 경우가 어긋나면 뒤엎는
뿔이 둥근 촉이다 그래서 삶이 거친지 모를 일

시험이라야 팔굽혀펴기 그것보다 동네엔 맨 늙은이들이라서 인터넷으로 원서를 어떻게 내야 하는지 몰라 산불감시를 못하게 되었다는 형님 처음으로 홍매 같은 볼살이 올랐다

사이버스페이스 독립선언문*

저 노란 꽃은 계절을 읽지 못하는 문맹인가? 객기의 술꾼인가?

복수초를 두고 입씨름이다 미국 살림하는 큰아들네와 통화료 없이 얼굴 보고 안부 나누려 새로 장만했는데 노란 꽃 대가리만 보여서 저걸 꽂아두니 열이 많이 나고 전기세 많을까 불안은 뽑아버렸다 셋째네가 오기로 하더만 바쁜 일로 여태 못 와 시간이 없다 하고

2G 비밀번호 회원가입 동의사항이 아득한 엄동설한 눈밭

일단 저지르고 벌여 놓는 혁명의 근성
용기를 따를 수 없다
복수초 단 하나의 이유가 언 땅을 뚫고 나왔다

*사이버스페이스 독립선언문: 1996년 2월 미국인 〈존 페리 발로우〉가 지금보다 순수했던 인터넷 초기 시절 신자유주의 산업정부의 통신법으로부터 상대적으로 인터넷이 차별 없이 공평하고 자유로운 공간으로서 유지하길 바라는 차원에서 주창한 선언문이다.

3월, 꽃 피고 눈 오고 비도 오니

그때 당시 부모님의 신분은 세운 들마루를 배경으로 옷매무새 다독여 다소곳한 자세로 섰고 면서기는 달필의 한문으로 이름 본적과 숫자를 적은 번호표로 주었다 항상 가지고 다니라고 했지만 얼굴만큼 확실한 증명도 아니라 반짇고리 실꾸리에 꽂힌 바늘과 함께 보관되었다 어떤 때에는 사진이 떨어져 다시 붙이고 아주 가끔 빨래로 빨려 투표 전에 일제 무료 재발급을 받았어도 별 쓸모가 없었다

잘 벗겨지는 비닐 껍데기였다

등초본을 떼고 은행 통장을 만드는 동네 활동 반경 내의 주민 신분이었다

만 17세가 되면 국민으로서 누구나 보증해주는 생활 신분 지금도 가끔 잃어버리고 빨랫감이 되는데도 그것이 기본이라 우기는 주머니 필수 휴대품이다

생활 신분에서 관계의 신분은 부모를 묻고 가족을 묻고

주소를 확인하고 보증하라는 조건을 세웠다 착하게 얌전하게 살아왔는데, 창살은 촘촘하게 긴 숫자와 특수문자의 주기적인 보호색을 가졌지만 불편은 편리를 앞세워 지문과 동공과 목소리 체세포를 가져갔다

오늘 동네 마트에서 내 것이 아닌 물건을 가지고 나왔다 아무도 간섭하지 않았다 죄로 생각하지 않았다 그럼에도 당당한 생활인이다 이래도 되는지 혼란스럽다 이 이야기를 하고자 신분이 인증된 친구를 만나러 간다 얼굴은 모르나 그와 나는 보통의 사회인이다

온라인 현대사

초기 다른 나라는 빗장 일찌감치 걸어 닫고 살 궁리 했는데 왜 그냥 두었냐 백신 빨리 사 왔어야지 뭐 하고 있었던 거야 다 죽게 생겼는데 갑갑하게 한 박자씩 늦다 그간 방역 시스템도 하나 제대로 관리하지 못해 백신 하나 맞는데도 며칠씩 기다리고 백신 낭인이 되어 개인이 여기저기 알아보게 하고 주사 맞고 후유증이 생겼는데 인과관곌 밝히라니 방역 일등에서 오늘은 꼴치로 추락한 나라의 백성의 얼굴이 부끄러운데 생계는 붙들어 매놓고 어떻게 하라는 거야 그때는 그때고 지금은 지금이지 뭐 시원하게 맘에 드는 게 있어야지 내로남불이 유분수지 도대체 이해를 이해를 못 하는 게 나라 팔아먹은 놈도 아니고 잘못했다고 자살한 사람인데 거기서 끝내야 하는 거 아냐 무덤 파서 어쩌겠다는 소린지 미덕이 뭐여 이 시국에 정신 나간 짓이지 불쌍한 애들한테 총 쏘고 병원에 미사일 날리고 하긴 우리 난리 때도 서로 쏴 죽였으니 애 끌어안고 길에 나자빠진 사람을 퇴각하는 인민군이 쏴 죽이고 들어온 국군이 부역한 아비 자식이라고 애를 쏴 죽이고 등쌀에 떠밀려 이쪽저쪽으로 떠밀렸을 뿐인데 어떤 놈인지 지휘관이라는 놈들 가정교육이 형편없어 애기는 파도치는 데로 두서없이

왔다갔다 하다가 '가정교육' 이 귀에 꽂혀서 에잇, 이참에
갈아치운다

참 빠르다 순간에 나타났다 사라지는 5G 역사
피도 눈물도 없이 흐른 시간은 0.8초

오역誤譯의 봄

십수 년 배웠어도 영어를 못한다

아들 딸내미들 외국에 나가 사는 주소랑 싸 보내는 물품이 뭔지
이젠 손님들도 다국적 사람들이라서

'적어주세요'

보내는 물품은 거기서 거기나
자기 나라말 대신 영어로 써 보내라 해서 돌린다
번역기

'뭔 소리'

말본새는
이몽룡과 춘향이 사이에 방자와 향단이
방자가 받아서 향단이에게 향단이 받아서 춘향이에게 가는

낯간지러움

조선사람 최부가 중국 저장성 해변에 닿았을 때
네덜란드 사람 하멜이 제주도에 닿았을 때

'여기가 어딘가'

익숙한 모습이 다르고 말이 달라 알 수 없는 해안에 바닷물과 바위
그 위에 기진맥진 사람들이 널브러졌었다

국제화 된 김 인삼 라면 그중 익숙한 통증 완화제 파스, 풍요한 안부가 낯간지럽지만 고향 소식이 왔다는데 어디 있냐고 묻는 3월에

'내일도 일 나가서 없어, 문에 붙여 놓고 가'

묻지도 따지지도 않고 방자가 번역해 주었다

부르는 게 값

따가운 햇살이어요
길 가다가 멈춰요

얼굴 본 적 없고 실체를 알 수 없지만
무언의 강요에 반항을 모르는
즐거운 신민이에요

사람을 닮고자 사람을 숙주로 번성하는 공간에 살아요

때 없이 몰입하고
습관적인 의무라서 공기처럼 자유로워요

어려움에 낯설었으나 익숙할수록 친근하고 보이지 않으면 아쉽죠
항상 주머니에서 체온을 자양분 삼아 기생해요
나를 잃기도 하고 갈등하는 소식으로 뉴스에 나올 때도 있어요 비극인가요?
항상 바쁜 소란 변치 않는 신뢰와 윗트가 있어 가벼움으로

즐겨요

공존과 공생은 언제나 아름답죠
X축과 Y축이 만나는 합점이 선을 이루고
한 점이라지만 당신이 있는 곳이에요

뜻있는 경제값입니다

업데이트

선천적인 병약자인지

때 되면 검사하고 예방주사 맞히며 살아가야 합니다

잘 아시듯 건강은

좋은 생활습관과 적당한 운동으로

체력 유지뿐만 아니라 균형 있는

영양관리가 중요합니다

이게 좋은 효과가 있습니다

습관을 들이세요

뭐에 어떻게 좋은지 몰라도

안 하면 빌미가 될 것 같다

끊임없이 시험 들게 하는

또 하나의 불치병

안고 산다

제3부

미로학습

냉장고 물받이 선반이 깨졌어요!

콜센터에서 문자 보내서 그걸 눌러 따라 하면 된다는데 당신이 해봐요. 문자 유효기간이 지났어요. 뭐 그런 게 있어! 간신히 생각나서 했구먼. 문자는 보기만 하면 되는 거 아녔어? 그게 아녀. 문자로 보낸 파란 글자 누르면 회사 결재 시스템으로 넘어가요. 거기서 당신이 주문한 물품이 맞는지 확인하면 돈을 내라는 화면으로 넘어가요. 어 뭔 또 문자 인증 받으라는데? 핸드폰 회사하고 당신 전화번호 넣고 기다리라는데? 그리고 문자로 받은번호 넣으라는데…

화면이 없네?

입력시간이 지났대!

첨부터 다시 해야 한대요!

포스트모던

흔하지만 너무 어려워 쓰지 않는 말 쉽게 이해하기까지 세월이란 시간 단위가 필요했던 말 국어시간에 배웠던 모더니즘 이해가 안 되었지만 시험에 나온다니 맞춤형 외우기로 답을 맞혔는지 틀렸는지 기억에 없으나 어디서나 나오는 포스트모더니즘 건축 미술 음악 철학 사회 공부하면 할수록 더욱 어려운 말 입 닫고 모르는 게 낫다 싶은 밤에 쓰는 먹글씨 같은 말 그런데 모르거나 이해했어도 나에게는 아무런 변화가 없는 말 옛날 호랭이 담배 먹던 시절엔 종이 먹 대신 냇가 흐르는 물 찍어 널팡돌에 글씨를 썼다는데 컴퓨터가 나와서는 종이가 그런데 그런데 종이는 더 많이 필요해지고 쓸 데 없는 일에* 더 바빠지고 나에게는 나에게는 '포스트' 와 '동시대' 거울 보듯 얼굴을 요리조리 비춰 보는 시간이 생겨서 눈썹 문신에 빠마를 했다

*사족(蛇足): '신같이 떠받들던 왕이 죽었지만 내겐 아무 일이 없다' 는 뜻이라고 어디서 우연히 읽은 책에서 명쾌하게 이해했다 –물론 부분적인 이해일 수 있다–. 현대인의 일자리는 '쓸데없고 무의미한 허튼 일' 을 한다는(『불쉿 잡』, 민음사. 2021) 책에서 인용.

새로운 표준

빙산 정점에 아닌 비가 내린다
겨울딸기 참외 수박은 이른 봄이 제맛이다
봄이 집 나간 지 오래고 꽃은 화분으로 들인다
생활은 다양하게 두껍다

끓는 물에 3분
혼자 먹는 밥
묶어 저장하는 눈
허락 없는 자율

먼 거리에서 양말 기우며 홀로 늙는 어머니를 위해
인사한다
꼭 옆에 두세요
유행하는 바이러스 조심하시고요

머리가 두 개

멀리 왔다 싶고

가까이 다가갔나

알 수가 없다

궁금한 게 많아서

자주 꺼내 보고 바로 찾아

쓰윽 본다

접거나 주머니에 넣거나

얇다

고도화高度化

잘게 써세요

한 점씩 씹으면
매운맛은
풍미가 됩니다

어렵지 않아요

돌고 도는 동네
전사戰士는
한 구석에서 기회를 엳보고
본능적으로 뛰어들어
전장戰場에 적응합니다
그리고 최선을 다하려 노력하고
낙오되지 않으려 하죠

중간에 발생하는
과실과 오류는

약간의 보정으로 잡으면 됩니다
전체적으로 원활하게 되죠

티 나지 않게
청양고추 먹는 방법

아시잖아요?

프로필

마지막 꽃 보러 가는 길을

외주하고

출발지와 종점

경험 없는 기억의 시간이

꽃이 된다

오월은 참 행복하다

사진 찍어 편지 합니다

꽃 배경 합니다

나의 상태를 일괄 표시하는 대표 사진

지상에서 영원으로 나는 꿈이다

n 잡러

넷으로 일감이 거둬지는 세상
1분 1초가 단위 물량이다
깨어나 몸을 싣는다
산을 지나고 강을 건너도 속도만 본다

24시 도시 등대에서 계산된 칼로리와 절제된 간편식으로
생활 우주의 균형을 이루고
적은 돈이나마 주식과 코인으로 투자를 실천한다

군살을 빼기 위해 틈틈이 가계부를 쓰자
융합형 인재라야 살아남을 수 있다는
보편적 건강 처방에 비타민 복약은 충실하자

불확실성이 높은 우주에서
결혼이나 가족은
불안하다

나는 성실하다

어제도 밝았던 등을 시에서 무지개색으로 바꿔줬다
아름다움을 생각할 때
구매한 회사에서 쿠폰이 들어왔다

호남 열차가 고속으로 간다
사람은 보이질 않고 이변으로 감춰둔 기인 꼬리가 반짝 보였다

후미등에선 붉은 여운이 따른다
둘 다 주인이 누구인지 모른다

천경자 달력

화가는 그리지 않았다는 그림을 벽에 걸어두고 날짜를 센다
아버지 어머니의 제삿날과
결혼기념일
아이들의 생일
날짜 아래에 약속이 있다
나날은 의미와 무의미가 뒤섞인
한 달이었고
무질서와 다짐이
일 년 이 년이었다

모호와 모사의 꼬리표가 달린다

머리에 꽃 핀 여인과 생생한 붉나비
눈빛이 깊다

*대체 불가능한 이름은 '미인'
실재는 알 수 없고 오늘

천경자를 대표하는 모사된 천경자가
오직 하나인 오늘을 보증한다

미인은 잠꾸러기
숨어 홀로 존재한다

*nft라는 대체 불가능한 가상 자산의 인터넷 용어. 복제에 대한 인증 기술이다.

번호이동

말하자면,

우물거려 넘긴 것이 있었습니다
동네 슈퍼 주인이 바뀌었다며 사연도 모르고 누군지 모릅니다
며칠간 대형 할인 행사
꽃 풍선이었습니다

그간 나는 우왕좌왕
무질서가 신호에 따라 정방향 역방향으로 순간 응답하는
표준이 되었더군요
발열 전지는 고정이고 납작하게 정렬된
갈아 끼우는 신분이었으니까요

껐다 켜고 껐다 켜는
영과 혼을 부르는 행위가
나를 새로 태어나게 했습니다

경험과 생각이 순간 전이되고
미래가 볼록거울처럼 집적되어 보였습니다

별들이 박무로 가려진 밝기입니다
몇 번 더 예정되어 있는
임종과 탄생을 지켜보는 시간이었습니다

키오스크*

1, 튕겨지다

시외버스 정류장에서

햄버거 가게에서 커피집에서

현금입출금기 앞에서

야근하고 김치 찌갯거리 파는 24시

식료 가게에서 편의점에서

오만가지 다 있다는 매장에서

식물원 박물관에서 놀이공원 공연장에서

주차장에서

동해 남해 서해 부둣가에서 한 번씩

튕겨져 멈칫한다

2. 빨려들다

안부 소식 묻는 인사에서 비 오면 만두 짜장면집에서

빅데이터에서는 택시가

갑자기 느껴지는 건강 통증이

꽃 이름이 강아지 습성이

갈만한 곳이

오늘 저녁은 뭐 해 먹지가

환한 조명 속으로 휙 빨려간다

위력에

매 순간 나는 움찔한다

*키오스크(kiosk): 무인정보단말기이다. 도와주는 사람 없이 본인이 직접 화면을 건드려 일을 보는 방식으로 각종 주문, 결재가 이루어진다.

너무나 인간적인 무게

1. 아날로그적인

인가의 새는 담장보다 높이 날지 않고

산새는 봉우리보다 낮게 난다

높이 날고자하는 새가 운다

뒤척이며 운다

눈물을 의심하는 밤에

새는 쉬지 않고 날아가기도 한다

손수레 리어카 자동차에 파지가 실린다

밤낮 운다

2. 디지털적인

쩨쩨하게 고린내 나는 발

욱여넣지 못하는 신발 한 켤레다

만들어 팔아치운 한정판

메타버스* 패션 운동화

최종 무게가

떤다

인간적이게 파르르

특이한 가격이다

*메타버스(metaverse): 3차원에서 실제 생활과 법적으로 인정한 직업, 금융, 학습 등이 연결된 가상 세계 또는 현실감 있는 4차원 가상 시공간을 뜻한다(구글 검색). 미국 〈나이키〉 운동화 회사에서 웹상에 운동화를 만들어 상품화 했고 가격을 매겨 판매해 큰 화제를 일으켰다. 달과 화성을 분양 판매도 한다.

양두구육

넘어지고 붙잡으며 달리자
가랑이로 구르고
잘 달려봐
손 놓고
얼굴에 부딪는 바람
빗물 가르고
시냇물 건널 때 기꺼이 젊어진

멀리서부터 길 가운데 딱 버티고
아니 벌 받고 있는 게야?
천하주유 바퀴가
눈 부라리고 섰다
지피에스로 묶여

허락받아 열고 달리다 아무 데나 버려두는
움직이면
추적한다

저 오만,
훔치고 싶었던 자유가 길 위에
무조건 수집하고 쌓아 놓는 기술 미끼

썩은 고깃덩이로 버려졌다

밟히는
밟는 기분이 물컹하다

빅테크

시작은 여리고 약했다

호박이 넝쿨손을 내 타고 올라설 거리를 찾았다. 마땅한 지지대가 없어 성품 따라 제 손을 말아 꼬고 사방 바닥으로 긴다

한 사람이 만인을 살린다

넌출을 거두어 담장에 올리고 지지대를 세워 받쳐 주었다

제대로 익숙하게 뻗어 가고 꽃 피고 도시 어디선가 벌도 왔다
알을 품는다 다시 늘어지고 이른 잎은 쇠하나 울퉁불퉁 튕기고 눌린 상태로 크며 익어간다 백 년 먹거리를 내 손으로 키우다니 크고 자람에 다름이 없다

몇 번의 수분과 환경을 바꾸어 얻은 개량 품종

모종을 받아 심으면 어디에나 심을 수 있고

물만 잘 주면 탈 없이 자라나

최고보다는 누구나 사용하는 편리

덕분에

쉬운 소일이 즐겁다

*빅테크(Big Tech): 대형 정보기술(IT) 기업을 뜻한다. 국가의 역할을 버금할 정도로 기업의 규모, 역할이 크다. 상당한 자본력과 인프라로 다양한 분야까지 섭렵할 수있다.(네이버 검색)

특이점*

원래 매여있길 싫어하고
노력만 하면 살 수 있다잖아요
그렇게 생각합니다

간섭하는 사람 없고 강요하지는 않더군요
끊임없는 계약이 있을 뿐입니다
처음 시작이 어렵지 임대하는 곳이 많아
발들이기는 쉬웠어요

내가 쉬우니 남들도 다 쉬운가 봅니다
일이 많다 싶으면 동료 간 경쟁으로 단가를 후리고
눈비 올 땐 당근 판촉으로 건당 도박을 부추깁니다.
어려운 일 싫다고 거절하면 일시 해고로 징역살이도 해요
생활이 어려워요
리스료 보험료에 이래저래 써야 할 데는 많고

넘어져 다쳐도 물건이 안전한가 먼저 살피죠
거절한 음식을 먹을 때가 있어요

네비에 움직이는 동선 보이죠
회사에서 전화하지 않아요
손님이 재촉하지
일감 따라 출퇴근 근무지 변경이
자발적으로 이루어지게 하죠

자동 일감이 그래요
손에 잡힐 듯 아른아른하게
서서히 중독시켜 어떻게든 달리게 합니다
욕하지 마세요
마음 한편은 불편해요

공장도 아니고 사장도 없어 욕할 곳이 없어요
이룰 수도 가질 수도 없는 소외된 존재입니다**

추위는 녹이지 못하고 더위엔 더욱 쓸모 없고
잘못되면 건잡을 수 없이 산화하는 배터리같이
장렬함이 최후입니다

누가 사장이죠?

*특이점(Singularity): 인공지능(AI)이 인간지능을 뛰어넘기 시작하는 시점을 말한다. 이 글은 박정훈의 책 (「플랫폼은 안전을 배달하지 않는다」, pp.192~195. 〈한겨레출판 2023.03.22. 간행〉) 내용을 빌려 재구성했다.

**www.marx21.or.kr 〈마르크스의 소외론〉 참조.

제4부

지루하고 반복적이고 불편한

1. 산업시대

변변한 농토 하나 없고 먹고 사는데 필요한 기술이 없어 몸으로 버텨야하는 일꾼이었습니다
날마다 출근하고 무엇이든 해야했지만 살림은 궁색하고 자리는 옹색하였지요 망치로 두드리고 빨래를 하고 바르고 쓸고 닦는 일이었습니다 지루하나 힘들수록 단단해지고 강하면 유연해지려 했습니다

2. 융합시대

세계는 넓고 할 일은 많다 경계는 허물고 학문은 실용으로 연합과 해체의 능력을 가지려 했습니다 반가운 손님도 오래 묵으면 부담입니다 음악을 듣고 책을 보며 시간을 달래고 산과 물을 찾아 피로를 식혔습니다 조화는 식상하고 부조화는 파격입니다 변화를 주어 활력을 찾으려 했지요 역시 지루한 반복입니다

3. 이상시대

나 대신 남이 해주길 바라며 거칠고 무질서한 혼돈을 논리로 세우고 수학으로 계산하자 한낱의 존재가 주고 받는 지능을 가집니다 관계는 코드화 되어 허락 없는 자율 환경에 시간이 부유합니다 혁신으로 성장과 발전이 모두의 찬란함입니다 포도주와 치지 않는 피아노가 있습니다

몸이 가진 허기라서 허구입니다
지루하고 반복적이고 불편한 현실입니다

*지능형 로봇(봇)을 서술형으로 부르는 말. 영역은 인간이 하기에는 지루하고 반복적이고 불편한 일을 한다.(『시스템 에러』, 톰 라이히 외 2인, 2022. 4. 어크로스 간행)

족보를 써야겠다

오늘 신문은

1광년은 빛이 365일 동안 달려간 거리, 28억 광년 전 우주를 봤다

영국에서는 돼지를 죽였다가 다시 살려냈다

더운 날씨가 고민되자 우주에

차양막 치는 연구를 시작했다

내일 신문을 보며

모레나 글피쯤이면 외계인과 대화를 읽는다

유비쿼터스 홈에서 스마트 시티 공유 경제를 넘어

화성 자원 우주시대

요즘 형편은 어떠시냐 묻는다면

동기화된 오늘 유기체다 이런 사람이 진짜 나다 찾으시라

상권이 죽었다는 4층 지하 스크린 골프장을 들락거리고 딸은 면허증 취득을 보장하는 가상 운전교습장에 등록했다 시적 부적한 글이나 쓰고 아시아계 B형의 피에 김씨 성의 수컷 완벽한 모습을 보려면 부랑의 인터넷 흔적이 영혼이니 노력하여 찾을 것

오래된 미래 이미 와 있는 미래

기다리는 손님이
탁 탁
핸드폰을 접었다 펴며
놀이에 심심함을 달랩니다

왜 접어야 할까
종이를 접었습니다
긴 장대를 접었습니다

접고 펼쳐서 바라본 먼 시간은
빛과 어둠의 고요
근심이고 무엇이 걱정일 때
기다림은 어떻게
어디서도 보이지 않고 알 수 없어 간편할까

펼치고 접는 일에는 슬픔이 배어 있는데
접히는 허리는 아픔이 많은데
햇살에 들지 않고 마른빨래에 몸을 밀어 넣어 펍니다

비바람에 척척 휘감긴 옷이 체온에 마른 적이 있습니다

일상은
길이도 깊이도 아니지만
제 몸을 착착 접어 넣어
몸으로 부풀려 펍니다

한 번도 보지 못하고 그가 또한 스스로 온 적 없어
마음속에서 크기도 하고 또한 작아지는 게 있습니다

오래된 미래가 접히며 탁
이미 와 있는 미래가 펼쳐지며 탁

바람 때

집에서 쓰는 선풍기는
고작 타이머에 좌우로 머리나 돌리고
등 굽은 노인이 땅에 떨어진 시간을 일으켜 세우려는 듯 골똘히 몰두했다
부지런한 아내는 방바닥 티끌 하나
밥상머리에 흘린 국물 한 점 잠시라도 허용하지 않아
깨끗하고 정돈된 실내에서 치고 돈 허공에 때가 있다니

날개가 원만한 곡선이다

써큘레이터, 난 선풍기라 고집 세워 부르는데
기능 많고 작아도 바람살이 여간 아니라 아는 사람은 굳이 써큘레이터
바람도 세게 약하게 주기가 복잡하여 자연풍 비슷하게 읊어대고
머리도 상하좌우 원을 그리는 테크노 가인이자 춤꾼이다
제비꼬리에 때가 묻어있는 줄 어제 처음 봤다

날개각이 깊었다

하나 둘 셋넷다섯을 세다가 쉰 몇 번 일흔 몇 번에서 두 번 셌는지 건너뛰고 셌는지 정신 차리고 본 것 하나 들은 것 둘 말한 거 셋 먹은 거 넷 쥔 거 다섯 마지막으로 여태 센 걸음 새겨 스스로 곡기 끊을 수 있는 정신 갖자고 맑고 투명하게 닦아 내자고 안간힘 들여 붙이는 습관

땅바닥 치고 허우적거렸을 날개 꺾인 오토바이가 출근길 옆에 누웠다

날렵하고 원만한 곡선과 부리 같은 각이
길에서 막히고 바람에 꽉 막힌 채 빛난다

갈수록 거대하고 정교하게 세련되는 편의에 길들여지는
저항의 목록은 삶
힘이 없다 접는 우산에서 빗방울이 튄다

동기화 말고 초기화

묵이 전자저울에 올려졌습니다

파릇하게 떠오르는

먹이/생태/자연

네모반듯하게

무게가 표시되고 값이 매겨집니다

다른 종이가방이 건너옵니다

조금 남은 거 맛은 모르겠으니 맛을 한번 찾아보세요

깨지고 상할 수 있는 사람의 일

가벼운 듯 무겁고 작은 듯 커서

동기화 말고 초기화 두 손 모아

겸손하게

안장 없이 달리는 말에

뽀얀 먼지가 사뿐

사뿐하게 일 때가 있습니다

나뭇잎 하나 만지작거리다가 이것 좀 봐봐

오늘은 운수 좋은 날인가 보오

낯선 동네 왔다가 무작정 기다릴 뻔한 시간을 아주머니 만나
쉬이 일 보게 되었네요 아주머니는 어딜 가오
딸네 애보러 가는 중이라오

뭔 인연이오!
나도 딸네 길이오

물으나마나 스윽 사진을 펼친다 나도 있소

오메

소포 부치러 왔다가
아무 데도 소용없는
별난 가쟁이 꺾어 서로 내보이는
어깨를 툭 치며 내보이는
쓸모없는 사랑

주거니 받거니
쓸모없는 짓에 문이 열리는 날이라오

내가 왜 이러지?

시작도 끝도 모를 거두절미
투명하고 두꺼운 벽이 있습니다

야가 왜 이럴까
인나 봐라 뭔 일 있었냐? 생전 이런 짓 할 줄 모르더니 누구랑 싸웠냐
맘 상한 일 있었냐 인제 인나 봐라 참말
길고 곧았던 허리가 구부정하게 기댔습니다만
이불 싸매고 누운 못난 놈입니다
제대로 먹이고 입히지 못한 탓이라 여기듯
바싹 마른 밭고랑 걸음입니다

당신은 현재가 아닌 과거입니다
기억하지 못하는 약속으로 시험하지 마십시오
머뭇머뭇
새로운 갱신이 필요하다니

24시간 흔하디흔한 편의 앞에

꽉 잠긴 비밀 앞에

내가 왜 이러지?

주변은 무고한데 터진 콩자루
흩어져 사방으로 점 점
점입니다

윤달앨범

윤달에 가실까
애욕으로 살았던 사람
집은 무너질 것이고 옷가지는 불태워져
따라 갈거라
시대가 바뀌었으니
따라야지 아이들이 찾겠나
추모의 집으로
찍었던 사진들 꺼내
생전은 함께해야지

무한과 영원
회원이 되어서
아무 때나 어디서나
현실에 살자

날짜 잊는 제삿날 찾지 말라
어디 갈 것도 없다
훨씬 가깝지 않냐

양력과 음력 사이에
새별이 뜨고 사과향이 나는
윤달에 간 사람

오목눈이 집

새 살림집을 찾아 낯선 동네를 헤맨다
이 집이 그 집 같고
저 집은 아닌 것 같은데
물어도 모른다고 하고
다시 전화 걸어
우체국 동사무소 없다?
어디 큰 간판 걸어 놓은 집은?
밝게 빛나지? 거기서 조금만 더

인건비 절약 구애받지 않는 상권 본사 통합제조 물류
디자인된 생계를 가맹하고
최상의 이윤을 기대하며
지속 가능한 성장이 들어앉아
작고 새까맣게 반짝인다

바쁜 여유가
생활을 안전이 묶여서 진열됐다
사야 이득일 것 같은 2+1

은행 인증 성인 인증 출입 인증이
더불어 묶였다

단단하게 뭉쳐서 풀어달라고 내민 어깨 같다

그곳에서 눈 뜨고 오래
오래된 꿈을 꿔봤다
24시

명찰

날망으로 가는 길 옆집이다

학교 졸업도 못하고 미싱을 돌리다 손재주 하나로
거의 평생 이 근처 학교 학생 이름은 내가 다 썼다

요즘 미싱은 동글동글하게 자기가 알아서 잘 쓰고
붓글씨도 컴퓨터체로 만들더만
이놈은 누굴까
박동이 손으로 만져지고

ㅁ 받침은 흘려 쓰고 획은 삐쳐 쓴다

미싱 바늘은 제자리 찍기지만
이름이야 어디 그런가
도톰하고 얇게

이제 막 땅에 올라온 아이들
실밥 다듬고 손으로 쓸어주며

그가 써준 같은 듯 다른 이름

딸의 일학년 푸른 명찰이
십여 년이나 넘게 컸다

꽃은 일찍 피고 축제는 늦었다
– 인플루언서 –

꽃은 일찍 펴서

이유 없이 형은 뭐든 불만이고 반항이던 적이 있다

아버지는
제깟놈 눈에는 세상 만만하게 보여 날뛰겠다만
어디 한번 살아 보라지
난데없는 혼담을 슬며시 풀어 놓았고
그때부터 어머니는 장 나들이가 부쩍 잦았다

축제는 늦어

얼룩말이 담장을 부수고 도로와 주택가를 돌아다녔다

그놈은 일찍 엄마 아빠를 잃은 슬픔으로 고뇌에 빠져서
성격은 괴팍해지고 캥거루와 다투는 일이 잦았다

우리를 뛰쳐나온 반항 상처없이

도시장애를 잠재워 귀가 시켰다

무너진 일상과 분주한 대책이
전봇대에서 담겨 보여주니

좋아요 다행이다
올 가을 짝 만나 잘 살게 해주마

고향 없기로 유명한 원주민에게 위로의 댓글이나 쓰죠

고양이 쇼츠*

가만히 생각없이
약속도 긴장도 없이 느슨하리라
너는 너대로 나는 나대로의 방식이 있듯
겸손과 신중은 벗어버리고
아무것도 하지 않는
무식으로 돌아가리라

국경이 없어 정치가 없어
나를 잊고 동네를 잊고
유리 위로 미끄러지며 웃는
기막힌 원초의 시간
그곳에 고양이가 있다
높은 데를 뛰어오르고 바라보고 누워서 핥는다

넘어지거나 부딪히지 말자
충격 없이 부드럽게
흡수하고 소비하는 시간

빛의 서사에
눈이 멀다

소외로 상처는 쓰린데
어디서 긁혔는지 모르겠다

*쇼츠(short): 짧은 동영상

틈

담쟁이는 벽
틈을 딛고
소나무는 바위
틈에 푸르다

나 사는 곳 완벽하게
틈이 없다

집 없는 사람이 집 얻어
문 열었다
얼굴 볼 수 없다

피부가 화면인
주문만 말하고
배달부가 다녀간다

이웃이 없다

꽃 필 틈이 없네

다시 켜기

학교 끝나고 허겁지겁 뛰어 왔습니다
키는 껑충하고 가방은 무거운 듯 축 처진 바깥은 이미 어둠이 짙습니다
편지를 불쑥 내놓고 의자에 가만히 앉았습니다
숨이 가빴나 봅니다 저 혼자 급한 일을 비로소 끴다는 안도감
아버지의 화물 운송장이었습니다만 가야 할 주소가 다 적혀 있지 않다고 하니 전화로 주소를 묻고 아빠 어디야? 화물 싣고 가는 중이다! 알았어 잘 다녀와
문 앞의 가로수 은행나무는 잘린 상처마저 한 겹 더 껴안고
잠시 후 통근 버스가 서고
한 무리 인파가 쏟아집니다
봉지가 들린 맞벌이 주부들이 몇몇
그중에 아이고 늦었네, 그 집 문 안 닫았을라나?
또 급하게 뛰어가는 어느 가게의
마지막 손님

| 책 끝에 |

어려서부터 '동화책'이나 '우주'라는 단어가 내겐 없었다. 그 말은 꿈이고 희망이자 힘써야 일궈야 하는 미개척지였고 훌륭한 사람들의 대명사여서 감히 다가설 수 없는 실현 불가능한 세계인 줄로만 알았던 터다. 그런데 이젠 동화 속 세계는 과학으로 실현되고 미지의 우주는 정복해서 기술로 캐내야 하는 자원 조달지가 되었다

땅을 표시하는 지도가 발명되면서 인류가 살고 있는 3차원 공간이 구체적으로 표현되었다 한다. 컴퓨터가 발명되고부터는 인류 문명은 또 달라지기 시작했다. 거부할 수 없는 편리한 도구가 발전을 거듭하여 집마다 손마다 필수품이고 신경으로 자리 잡았다. 지능을 가지게 되었으며 어느 시점부터 인간지능을 뛰어넘기(singularity) 시작했다. '동화의 세계', '미지의 꿈'으로 상상하던 4차원의 세계가 현실에 열리기 시작한 듯하다.

신기술이 미래생활에 어떻게 적용될지 예측하지 못하면서 우린 열광하듯 소비하며 예속하(되)는 존재로 찍(히)고 미끄

러뜨린(진)다. 오늘을 향해 고속으로 달려오는 미래는 등속으로 달려 안아야 충돌없이 받는다. 느림은 쉬운 표적이거나 낙오자로 분류될 것이다. 독점의 신기술은 납땜으로 밀봉한 일회용이다. 나 역시 신기술 신도구를 이용하고 사용하는 데에서 벗어날 수 없고 외면하거나 용기있게 떨쳐버리지 못하는 욕망의 부류다. 쓸모를 초과하여 걷잡을 수 없이 일궈내는 문명이 무섭고 따라가지 못해 숨이 차다. 이 도구에 미덥지 못한 의심이 간다. 거친 숨을 몰아쉬며 사람의 보폭으로 함께 가자고 소리를 질러보는 것이다.

지루하고 반복적이고 불편한

인 쇄 | 2023년 7월 25일
발 행 | 2023년 7월 31일

지 은 이 | 김규성
펴 낸 곳 | 도서출판 한솔
등 록 | 1987년 12월 3일 제아32호
주 소 | 충북 청주시 서원구 모충로145번길 5-6(사직동)
전 화 | 043) 264-3079

ISBN 978-89-91475-60-1 03810

* 책값은 뒤표지에 표시되어 있습니다.

대전문화재단
이 시집은 대전광역시, (재)대전문화재단에서 사업비
일부를 지원받았습니다.